Impressum
Verlag: BABADADA GmbH, Nedderfeld 112 , 22529 Hamburg
Geschäftsführer / Verlagsleitung: Harald Hof
Druck: Books on Demand GmbH, In de Tarpen 42, 22848 Norderstedt

Imprint
Publisher: BABADADA GmbH, Nedderfeld 112 , 22529 Hamburg, Germany
Managing Director / Publishing direction: Harald Hof
Print: Books on Demand GmbH, In de Tarpen 42, 22848 Norderstedt

el colegio
duɗal

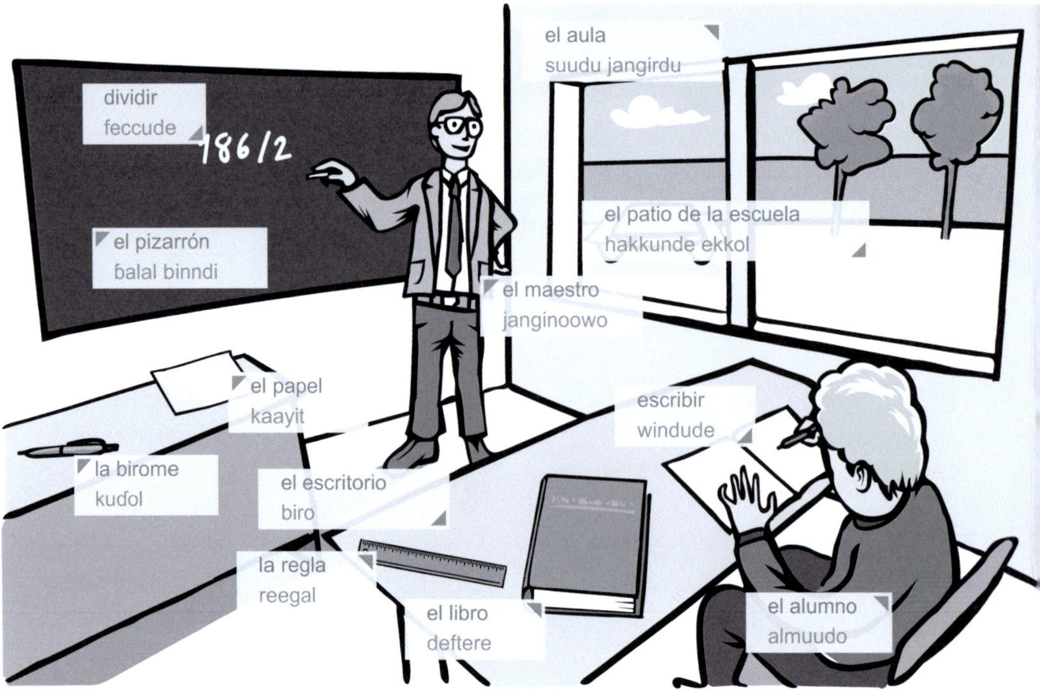

el aula
suudu jangirdu
dividir
feccude
186/2
el pizarrón
ɓalal binndi
el patio de la escuela
hakkunde ekkol
el maestro
janginoowo
el papel
kaayit
escribir
windude
la birome
kuɗol
el escritorio
biro
la regla
reegal
el libro
deftere
el alumno
almuudo

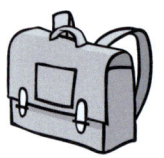

la mochila

kartaabal

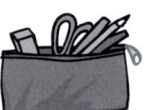

la caja de lápices

moftirdo kereyonji

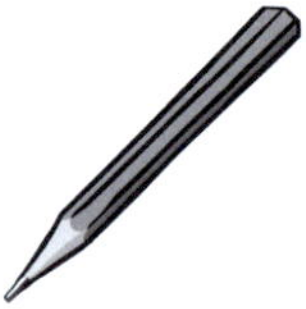

el lápiz

kereyo

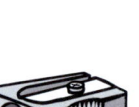

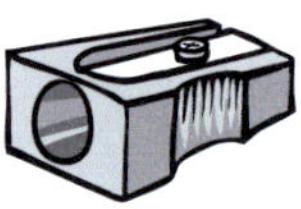

el sacapuntas

ceeɓnirgel kereyon

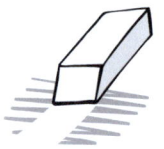

la goma (de borrar)

momtirgel

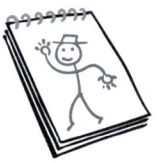

el bloc de dibujo

alluwal ciifirgal

el dibujo

ciifgol

el pincel

limsere pentirteeɗo

la caja de pinturas

suwo pentirɗo

la tijera

sisooji

el pegamento

ɗakkorgal

el cuaderno de ejercicios

deftere ekkorgal

la tarea

golle janŋde

el número

niimara

sumar

ɓeydude

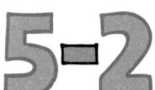

restar

ustude

multiplicar

ɓeydude keeweendi

calcular

qimaade

la letra

ɓataake

el abecedario

karfeeje

la palabra

kongol

el texto

bindol

leer

jangude

la tiza

bindirgal

la lección

darsu

el cuaderno de clase

winditaade

el examen

egsame

el certificado

sartifika

el uniforme escolar

comcol duɗal

la educación

janŋde

la enciclopedia

ansikolopedi

la universidad

duɗal jaaɓi haɗtirde

el microscopio

mikoroskop

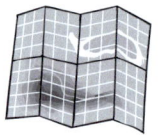

el mapa

kartal

el tacho (de basura)

suwo kurjut

el viaje
ɗannagol

el hotel
otel
Grand
el hostel
obers
ROOMS
EXCHANGE
la casa de cambio
nokku beccugol e neldugol
la valija
waxannde
el auto
oto

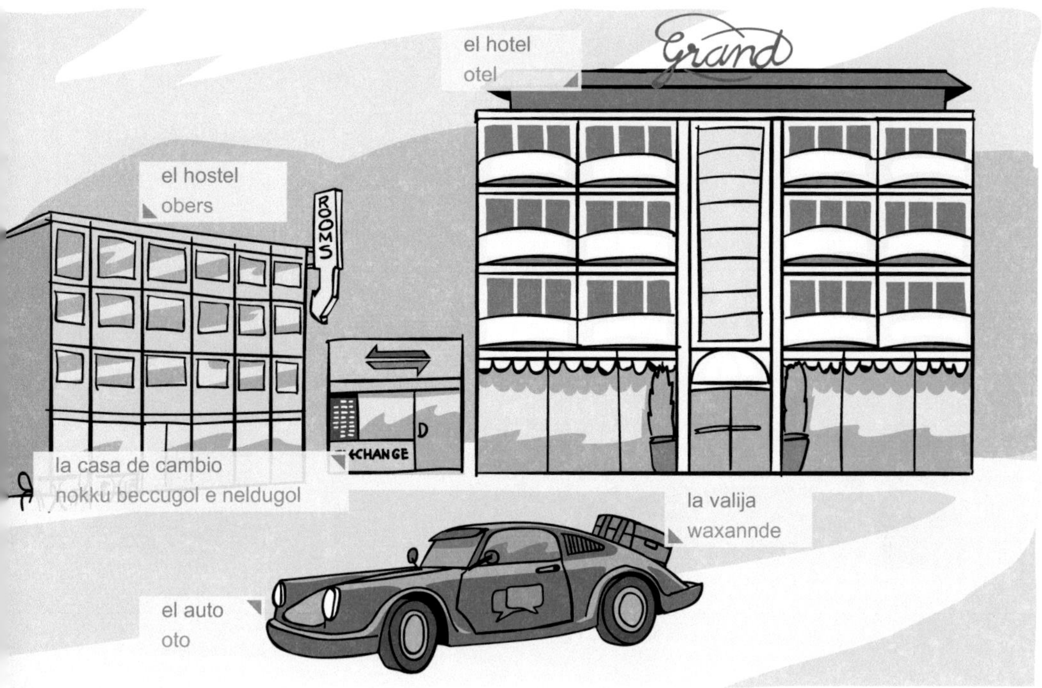

el idioma

ɗemngal

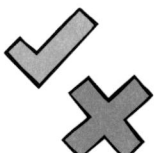

sí / no

Eey / ala

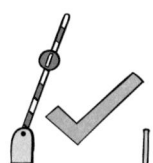

Está bien

Moÿÿi

hola

mbaɗɗa

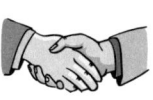

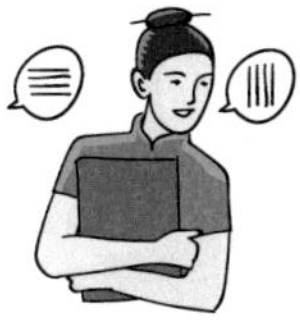

el traductor

pirtoowo

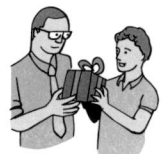

Gracias

A jaraama

¿cuánto cuesta…?

no foti…?

No entiendo

Mi faamaani

el problema

hanmi

¡Buenas tardes!

Jam hiri!

¡Buenos días!

Jam waali!

¡Buenas noches!

Mbaalen e jam!

el adiós

ñande woɗnde

la dirección

laawol

el equipaje

bagaas

el bolso

saawdu

la mochila

saawdu wambateendu

el invitado

koɗo

la habitación

suudu

la bolsa de dormir

njegenaaw

la carpa

caalel ladde

la información turística

kabaruuji tuurist

la playa

tufnde

la tarjeta de crédito

kartal banke

el desayuno

kacitaari

el almuerzo

bottaari

la cena

hiraande

el pasaje

biye

el ascensor

suutde

el sello

tampon

la frontera

keerol

la aduana

duwaan

la embajada

ambasad

la visa

wiisa

el pasaporte

paaspoor

el transporte

taraspoor

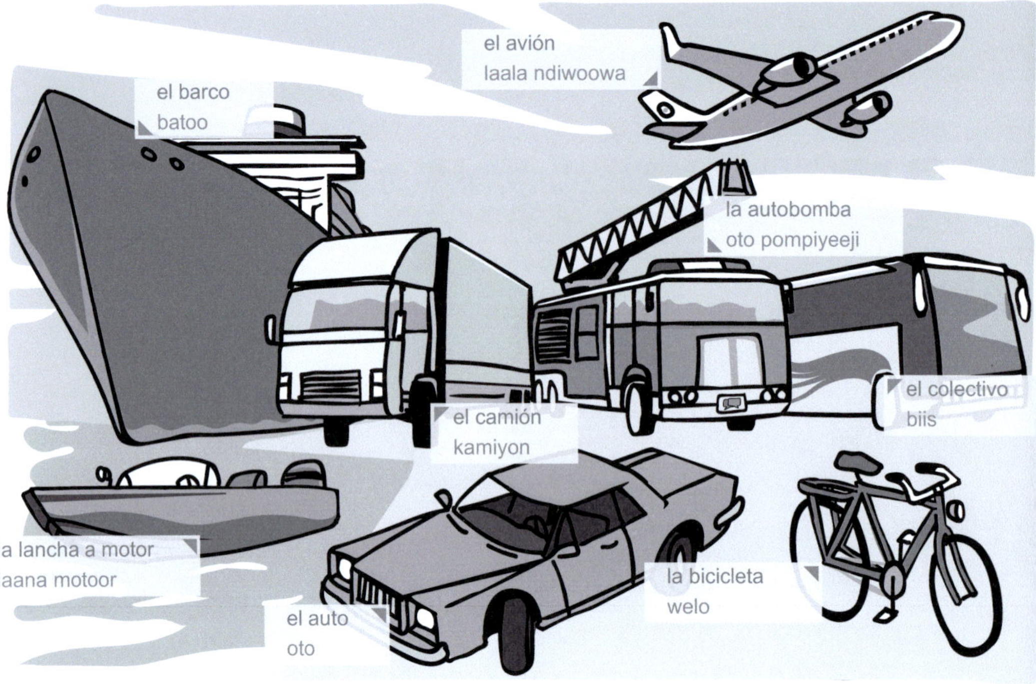
el avión
laala ndiwoowa
el barco
batoo
la autobomba
oto pompiyeeji
el colectivo
biis
el camión
kamiyon
la lancha a motor
laana motoor
la bicicleta
welo
el auto
oto

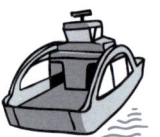

el ferry

batoo

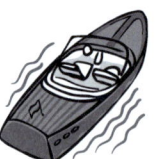

el bote

laana

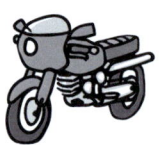

la moto

welo

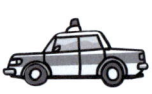

el patrullero

oto polis

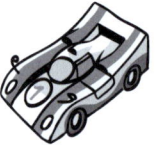

el auto de carreras

oto dogirteeɗo

el auto de alquiler

oto luwateeɗo

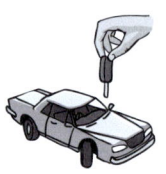

el alquiler de autos

dendugol oto

la grúa

oto dandoowo goɗɗo

el camión de la basura

oto kurjut

el motor

motoor

la nafta

karbiran

la estación de servicio

nokku esaans

la señal de tránsito

tintinooje yaangarta

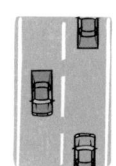

el tránsito

yaa ngarta

el embotellamiento

jiiɓo yaa ngarta

el estacionamiento

dingiral otooji

la estación de tren

dingiral laana leydi

las vías

laaɓi

el tren

laana leydi

el tranvía

laana ndegoowa

el vagón

saret

el helicóptero

elikopteer

el aeropuerto

ayrepoor

la torre

tuur

el pasajero

wonɓe e laana

el contenedor

konteneer

la caja de cartón

karton

la carretilla

duñirgel kaake

la canasta

basket

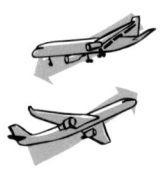

despegar / aterrizar

diwde / juuraade

la ciudad

wuro mowngu

el pueblo

wuro

el centro de la ciudad

hakkunde wuru wowngo

la casa

galle

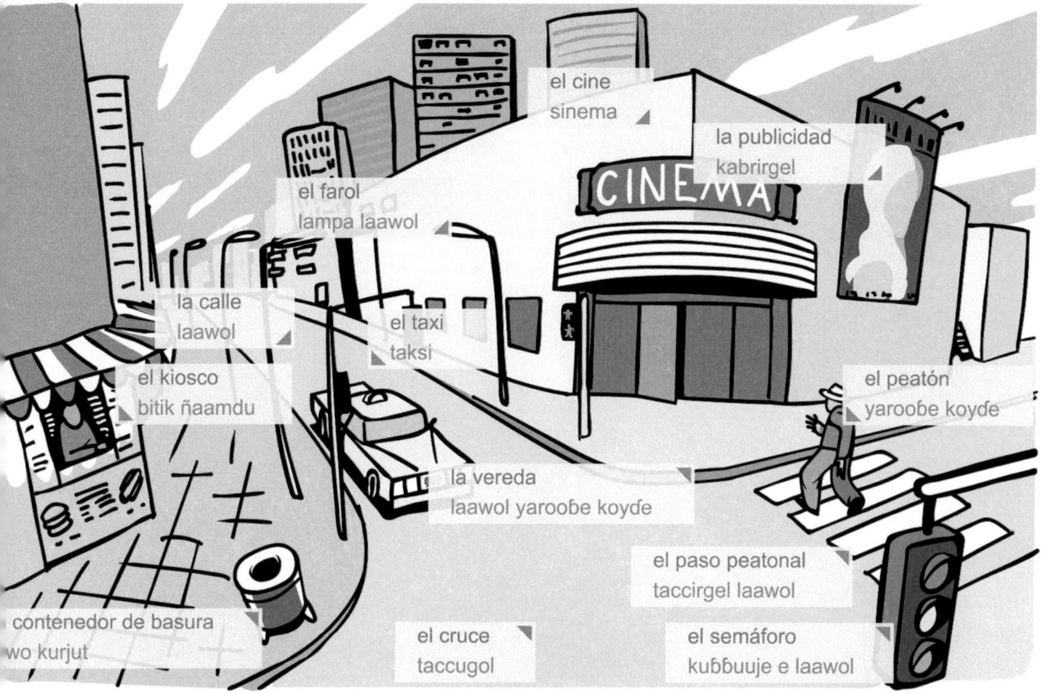

el cine
sinema

la publicidad
kabrirgel

el farol
lampa laawol

CINEMA

la calle
laawol

el taxi
taksi

el kiosco
bitik ñaamdu

el peatón
yaroobe koyɗe

la vereda
laawol yaroobe koyɗe

el paso peatonal
taccirgel laawol

contenedor de basura
wo kurjut

el cruce
taccugol

el semáforo
kuɓɓuuje e laawol

la cabaña
tiba

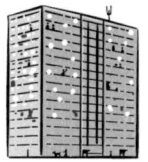

el departamento
ko foti

la estación de tren
dingiral laana leydi

la municipalidad
meeri

el museo
miise

el colegio
duɗal

la universidad

duɗal jaaɓi haɗtirde

el banco

banke

el hospital

suudu safirdu

el hotel

otel

la farmacia

farmasi

la oficina

gollirgal

la librería

suudu defte

el negocio

bitik

la florería

jeyoowo fuloraaji

el supermercado

sipermarse

el mercado

jeere

las grandes tiendas

madase mawɗo

la pescadería

jeyoowo liɗɗi

el centro comercial

nokku coodateeɗo

el puerto

poor

la ciudad - wuro mowngu

el parque

park

el banco

joodorgal

el puente

taccirgal

las escaleras

ŋabbirde

el subte

laawol metero

el túnel

laawul les leydi

la parada del colectivo

fongo biis

el bar

baar

el restaurante

restora

el buzón

buwaat postaal

el letrero

lewñowel laawol

el parquímetro

to otooji ndaroto

el zoológico

nokku kullon

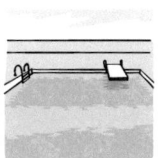

la pileta

pisin

la mezquita

jama

la granja

ngesa

la contaminación

gakkingol hendu

el cementerio

bammule

la iglesia

egiliis

los juegos infantiles

dingiral

el templo

tampl

el paisaje
yiyande taariinde

la hoja
baramlefol

el poste indicador
tugayal tintinirgal

el camino
laawol

la pradera
Huɗo sukkuko

la piedra
haayre

el árbol
lekki

el excursionista
ŋayloowo

el río
maayo

la hierba
huɗo

la flor
fuloor

el valle

nokku kaañe mawɗe to ndiyam dogata

la montaña

waande

el lago

weedu

el bosque

ladde

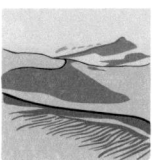

el desierto

ladde yoornde

el volcán

wolkan

el castillo

satoo

el arco iris

timtimol

el champiñón

sampiñon

la palmera

leki palm

el mosquito

ɓowngu

la mosca

diwde

la hormiga

njabala

la abeja

mbuubu ñaak

la araña

njabala

el paisaje - yiyande taariinde   15

el escarabajo

hoowoyre keppoore

la rana

faabru

la ardilla

doomburu ladde

el erizo

sammunde

la liebre

fowru

la lechuza

pubbuɓal

el pájaro

colel

el cisne

kakeleewal ladde

el jabalí

mbabba tugal

el ciervo

lella

el alce

Nagge nde gallaɗi cate

la presa

baraas

el aerogenerador

masiŋel battowel hendu
jeynge

el panel solar

Lowowel nguleeki

el clima

kilima

el restaurante
restora

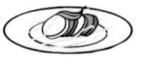

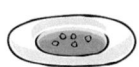

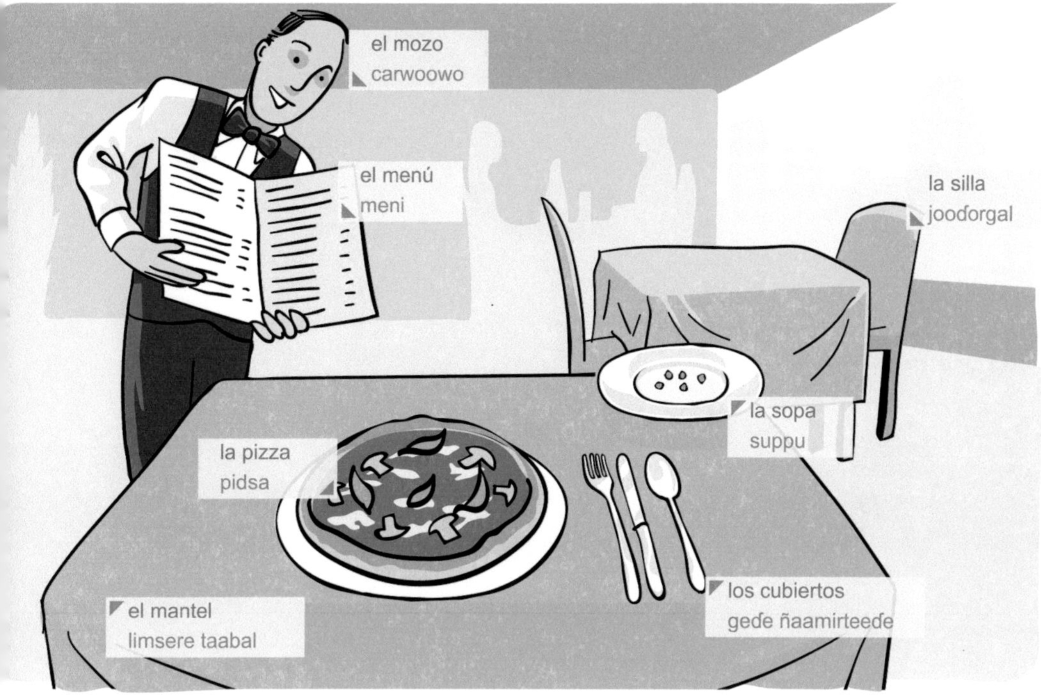

el mozo
carwoowo
el menú
meni
la silla
joodorgal
la sopa
suppu
la pizza
pidsa
los cubiertos
geɗe ñaamirteeɗe
el mantel
limsere taabal

la entrada
tongitirgel

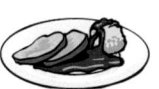

el plato principal
ñaamdu nguraandi

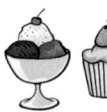

el postre
tuftorogol

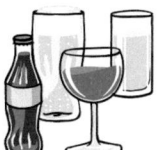

las bebidas
njaram

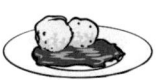

la comida
ñaamdu

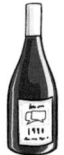

la botella
butel

la comida rápida

fast fud

la comida callejera

ñaamdu laawol

la tetera

baraade

la azucarera

cupayel suukara

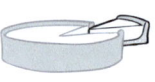

la porción

geɗel

la cafetera expreso

Masinŋ kafe

la sillita alta

jooɗorgal toowngal

la cuenta

biye

la bandeja

ñorgo

el cuchillo

paaka

el tenedor

furset

la cuchara

kuddu

la cucharita

nokkere kuddu

la servilleta

sarbet

el vaso

weer

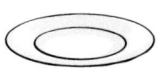

el plato

palaat

el plato hondo

palaat suppu

el plato

cupayel

la salsa

soos

el salero

pot lamđam

el molinillo de pimienta

moññirgal poobar

el vinagre

bineegara

el aceite

nebam

las especias

kaađnooje

el kétchup

ketsap

la mostaza

muttard

la mayonesa

mayonees

el supermercado

sipermarse

la oferta especial
ngustugul coggu
FOR
el cliente
kiliyaan
los lácteos
kosameeje
la fruta
ɓikkon leɗɗe
el changuito
daasirgel

BUTCHERS

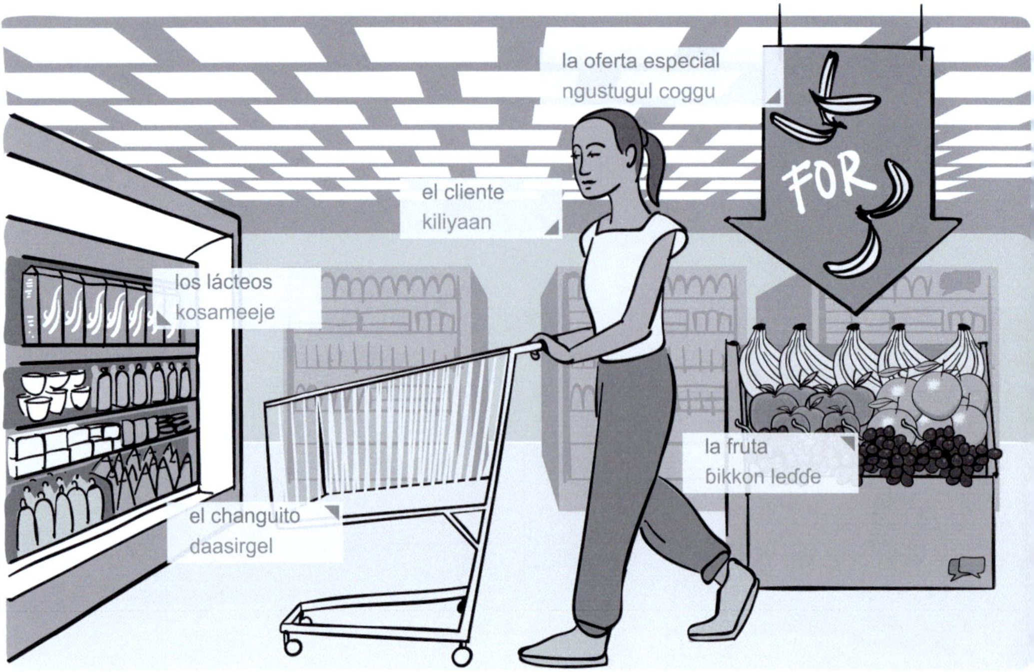

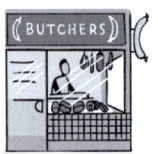

la carnicería

jeyoowo teew nagge

BAKERY

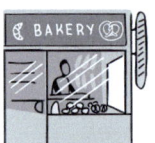

la panadería

juɗoowo mburu

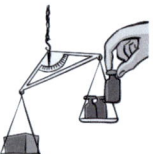

pesar

ɓetde

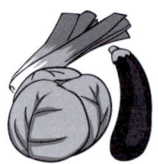

las verduras

lijim

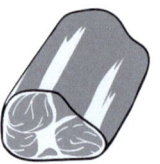

la carne

teew

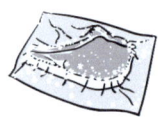

los alimentos congelados

ñaamdu ɓumnaandu

los fiambres

teew moftaaɗo

los alimentos enlatados

ñaamdu nder buwat

el detergente en polvo

condi lawyĩrteendu

las golosinas

bonboonji

los electrodomésticos

geɗe ngurdaaɗe

los productos de limpieza

porodiwiiji laaɓnirni

la vendedora

julaaajo

la caja

haa

el cajero

kestotooɗo

la lista de compras

limto coodateeɗi

el horario de atención

waktuuji golle

la billetera

kalbe

la tarjeta de crédito

kartal banke

la cartera

saak

la bolsa de plástico

saak dalli

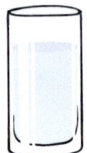

el agua

ndiyam

el jugo

njaram

la leche

kosam

la bebida cola

ŷulmere

el vino

sangara

la cerveza

sangara

el alcohol

sangara

el cacao

kakao

el té

ataaya

el café

kafe

el café expreso

kafe jon jooni

el cappuccino

kafe italinaaɓe

la banana

banaana

la manzana

pom

la naranja

oraas

el melón

dende

el limón

limonŋ

la zanahoria

karot

el ajo

laay

el bambú

lekki bambu

la cebolla

basalle

el champiñón

sampiñon

las nueces

gerte

los fideos

espageti

los tallarines
espageti

el arroz
maaro

la ensalada
salaat

las papas fritas
firit

las papas fritas
faatat cahaaɗo

la pizza
pidsa

la hamburguesa
amburgeer

el sándwich
sandiwis

el churrasco
buhal baddangal e lijim

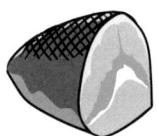

el jamón
buhal teew

el salame
kaane biyeteeɗo sosison

la salchicha
sosis

el pollo
gertogal

el asado
defaɗum

el pescado
liingu

los copos de avena

ndefu gabbe kuwakeer

el muesli

njilɓundi aɓuwaan e gabbe goɗɗe

los copos de maíz

kornfelek

la harina

farin

la medialuna

kurwasa

el pancito

pe o le

el pan

mburu

la tostada

mburu juɗaaɗo

las galletitas

mbiskit

la manteca

nebam boor

la cuajada

kosam kaaɗɗam

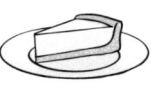

la torta

gato

el huevo

ɓoccoonde

el huevo frito

moccoonde fasnaande

el queso

foromaas

la comida - ñaamdu

el helado

kerem galaas

el azúcar

suukara

la miel

njuumri

la mermelada

teew nagge

la pasta de chocolate

nirkugol sokkola

el curry

suppu kaane

la granja
galle nder ngesa

el fardo de paja
mahande huɗo

el granero
cukalel

el campo
ngesa

el caballo
puccu

el remolque
reemorki

el tractor
tarakteer

el potrillo
molu

el burro
mbabba

la oveja
mbaalu

el cordero
jawgel

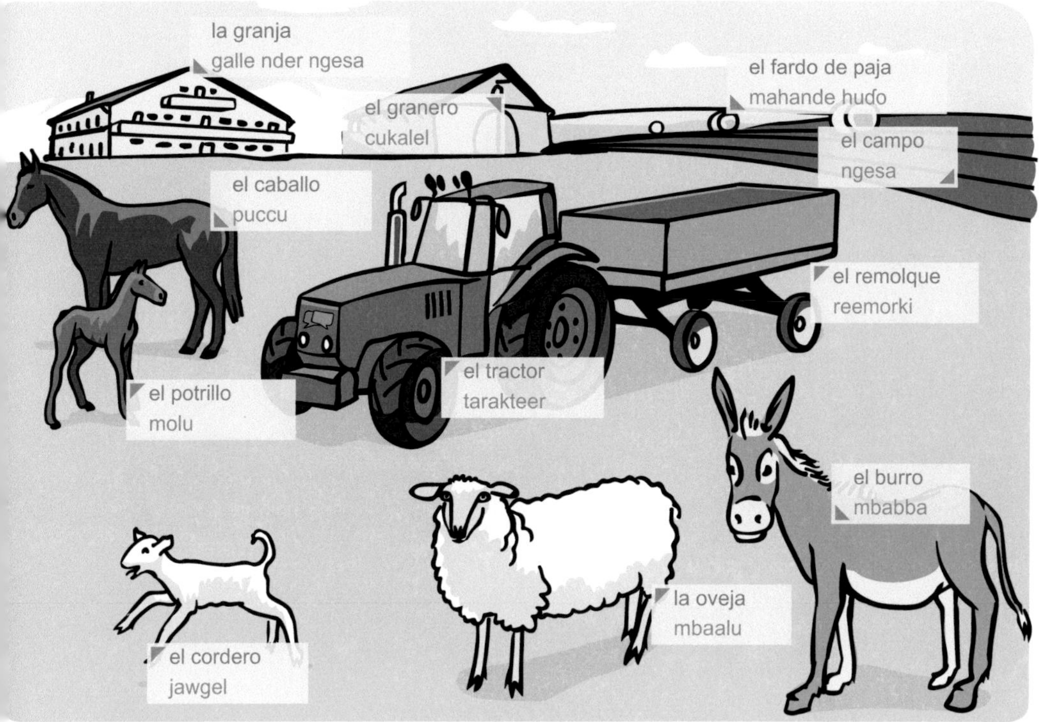

la cabra
ndamdi

la vaca
nagge

el ternero
mbeewa

el cerdo
mbabba tugal

el lechón
ɓingel mbabba tugal

el toro
ngaari ladde

el ganso

jarlal ladde

el pato

gerlal

el pollo

cofel

la gallina

jarlal

el gallo

ngori

la rata

doomburu

el gato

ullundu

el ratón

doomburu

el buey

nagge

el perro

rawaandu

la cucha

nokku dawaaɗi

la manguera

tiwo sardin

la regadera

doosirgal

la guadaña

wofdu mawndu

el arado

masinŋ demoowo

la hoz

wofdu

la azada

coppirgal

la horquilla

rato

el hacha

hakkunde

la carretilla

buruwet

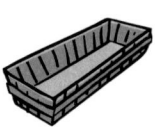

el abrevadero

mbalka

la lechera

kosam buwat

la bolsa

saak

la reja

kalasal galle

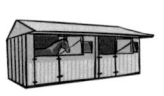

el establo

nokku pucci

el invernadero

inexistant

el suelo

leydi

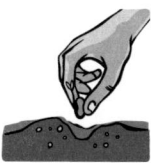

la semilla

abbere

el fertilizador

nguurtinooje leydi

la cosechadora

masinŋ coñirteeɗo

cosechar

soñde

la cosecha

soñde

las batatas

ñambi

el trigo

bele

la soja

soja

la papa

faatat

el maíz

maka

la semilla de colza

abbere lekki kolsa

el árbol frutal

lekki firwiiji

la mandioca

ñambi

los cereales

sereyaal

la casa

galle

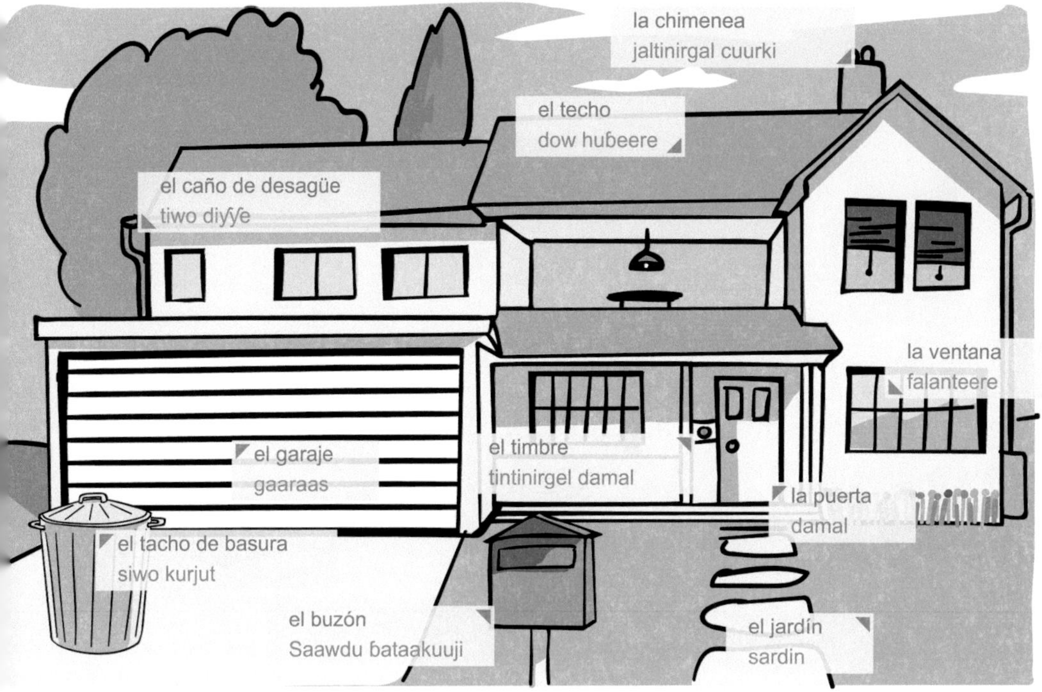

la chimenea
jaltinirgal cuurki
el techo
dow huɓeere
el caño de desagüe
tiwo diyƴe
la ventana
falanteere
el garaje
gaaraas
el timbre
tintinirgel damal
la puerta
damal
el tacho de basura
siwo kurjut
el buzón
Saawdu ɓataakuuji
el jardín
sardin

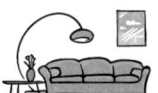

el living

suudu yeewtere

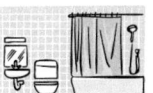

el baño

tarodde

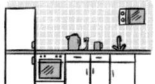

la cocina

waañ

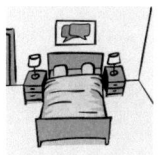

el dormitorio

suudu waalduru

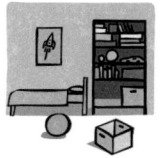

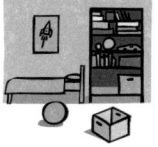

el cuarto de los chicos

suudu sakaaɓe

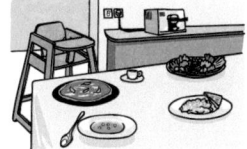

el comedor

suudu hiraande

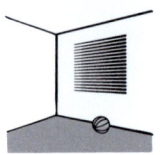

el piso

karawal

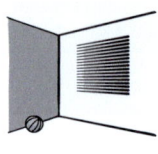

la pared

ɓalal

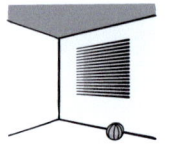

el cielorraso

asamaan suudu

el sótano

faawru

el sauna

soona e ɗemngal farase

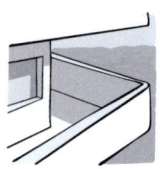

el balcón

balko

la terraza

teeraas

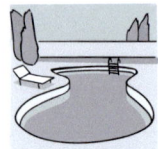

la pileta

pisin

la cortadora de pasto

keefoowo huɗo

la sábana

darap

el acolchado

darap

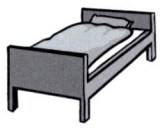

la cama

leeso

la escoba

pittirgal

el balde

suwo

el interruptor

ñifirgel

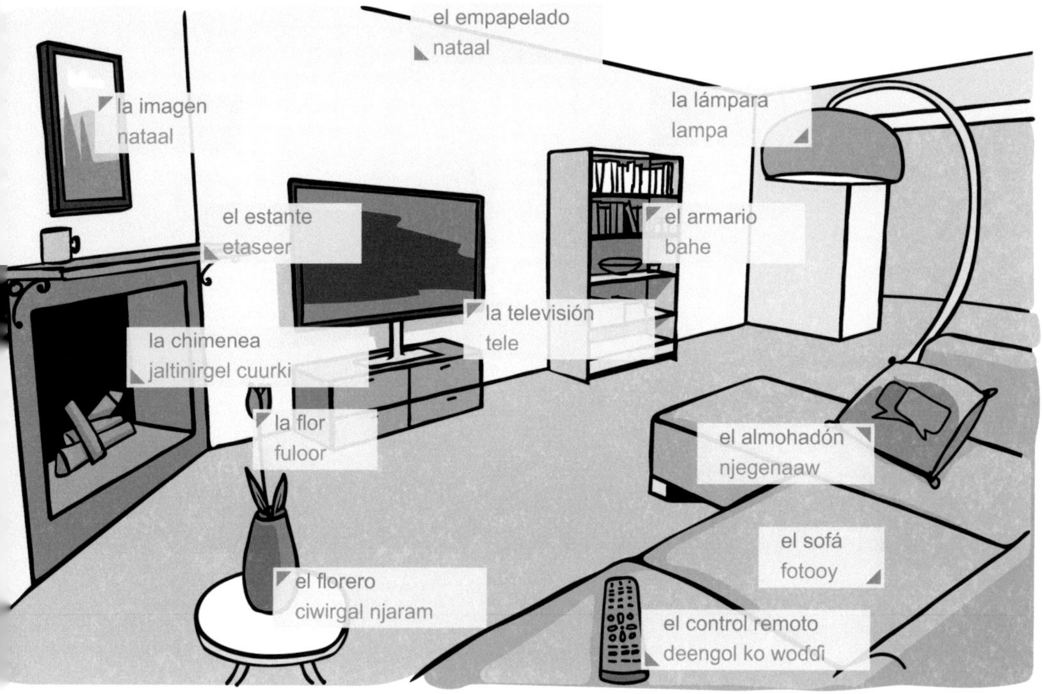

el empapelado
nataal

la imagen
nataal

la lámpara
lampa

el estante
etaseer

el armario
bahe

la televisión
tele

la chimenea
jaltinirgel cuurki

la flor
fuloor

el almohadón
njegenaaw

el sofá
fotooy

el florero
ciwirgal njaram

el control remoto
deengol ko woɗɗi

la alfombra
tappi

la cortina
rido

la mesa
taabal

la silla
jooɗorgal

la mecedora
jooɗorgal timmungal

el sillón
jooɗorgal tuggateengal

el libro

deftere

la frazada

cuddirgal

la decoración

jooɗnugol

la leña

leɗɗe kuɓɓateeɗe

la película

filmo

el equipo de música

materiyel hi-fi

la llave

coktirgal

el diario

kaayit kabaruuji

la pintura

pentirgol

el póster

posteer

la radio

rajo

el cuaderno

teskorgel

la aspiradora

boɗowel pusiyeer

el cactus

kaktis

la vela

sondel

la cocina
waañ

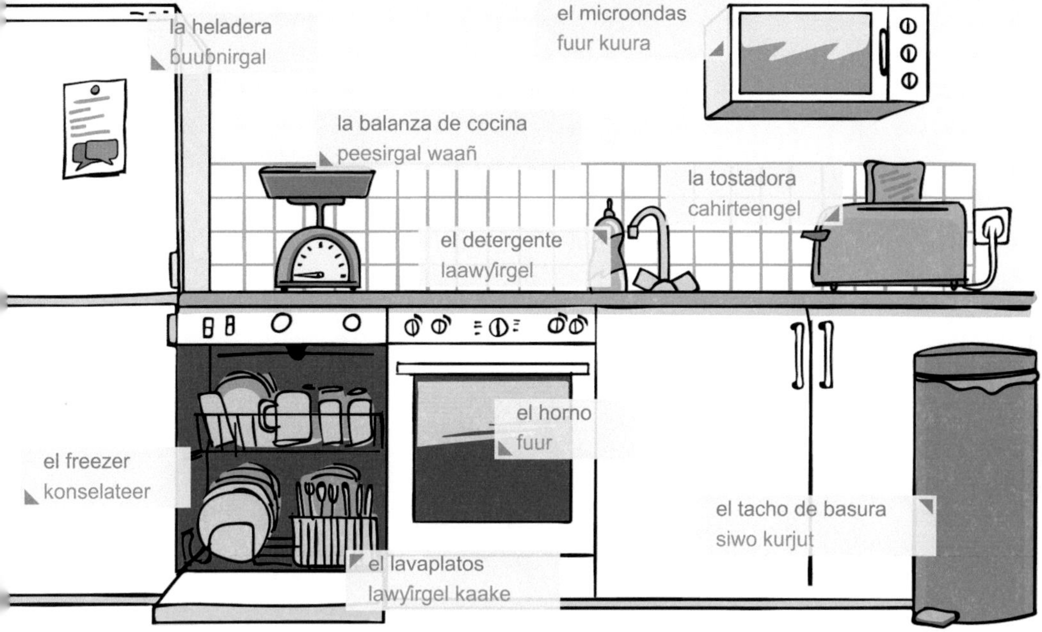

la heladera
ɓuuɓnirgal
el microondas
fuur kuura
la balanza de cocina
peesirgal waañ
la tostadora
cahirteengel
el detergente
laawÿirgel
el horno
fuur
el freezer
konselateer
el tacho de basura
siwo kurjut
el lavaplatos
lawÿirgel kaake

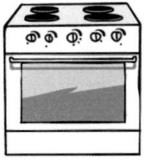

la cocina
fuurno

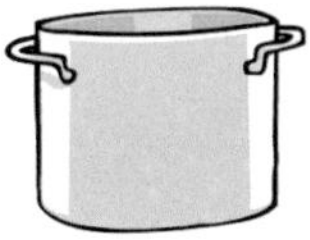
la olla
pot

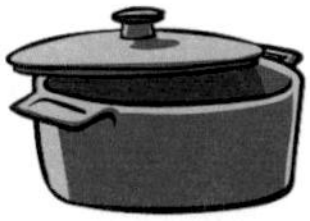
la olla de hierro fundido
barme

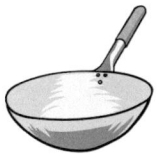

el wok
kasorol

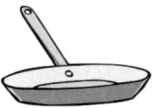

la sartén
kasorol

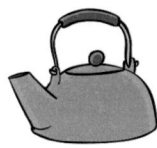

la pava
satalla

la vaporera

suppere defirteende

la bandeja de horno

pool defirteeɗo

la vajilla

lawy̌ugol kaake

la taza

pot jarduɗo

el bol

suppeere

los palitos

ñiɓirgon ñaamdu

el cucharón

kuddu luus

la espátula

kayit ɗakirteeɗo

la batidora

iirtude

el colador

ceɗirgel

el colador

tame

el rallador

keefirgel

el mortero

moññirgal

la parrilla

juɗgol

la fogata

jeyngol e henndu

la tabla de picar

coppirgal

el palo de amasar

degnirgel ñaamdu
feewnateendu

el sacacorchos

udditirgel butel

la lata

buwaat

el abrelatas

udditirgel buwat

la manopla

nangirgel pot

la pileta

siimtude

el cepillo

boros

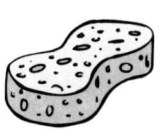

la esponja

eppoos

la batidora

jiibirgel

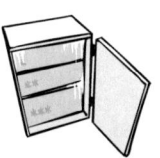

el congelador

battowel galaas

la mamadera

jardugel tiggu

la canilla

robine

el baño

tarodde

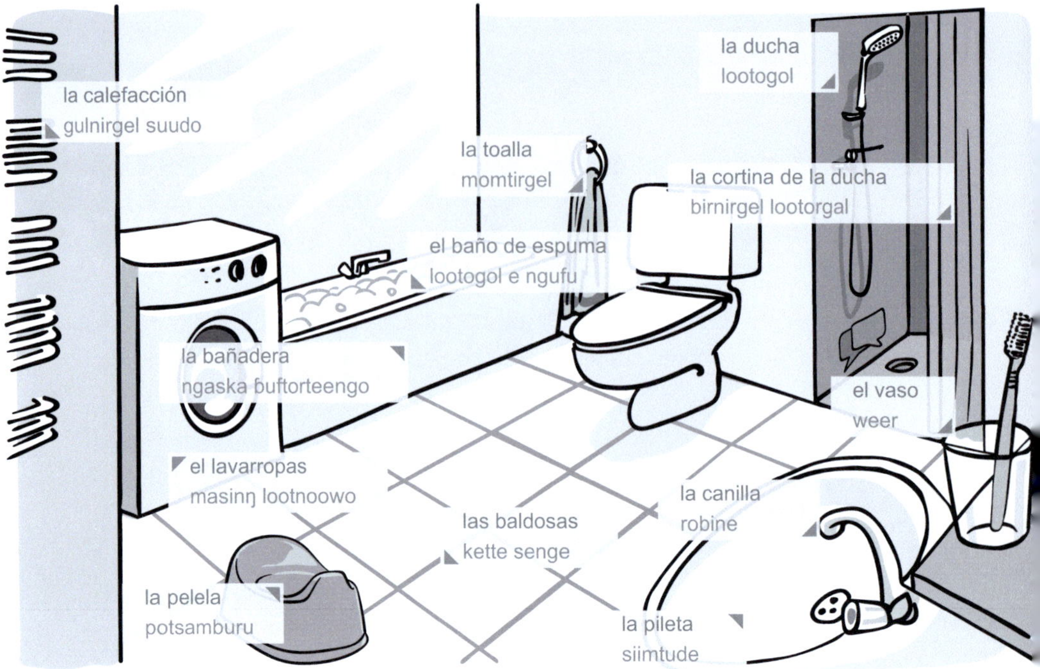

la calefacción
gulnirgel suudo
la toalla
momtirgel
la ducha
lootogol
la cortina de la ducha
birnirgel lootorgal
el baño de espuma
lootogol e ngufu
la bañadera
ngaska buftorteengo
el vaso
weer
el lavarropas
masinŋ lootnoowo
la canilla
robine
las baldosas
kette senge
la pelela
potsamburu
la pileta
siimtude

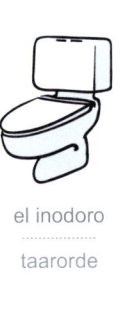

el inodoro

taarorde

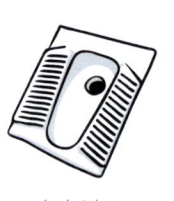

la letrina

joɗorgal kuwirteengal

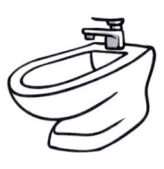

el bidé

biisirgel ndiyam

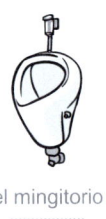

el mingitorio

taarodde

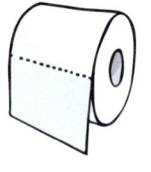

el papel higiénico

kaayit momtirɗo

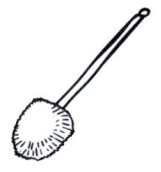

el cepillo para el inodoro

boros taarorde

el cepillo de dientes

coccorgal ƴiiye

el dentífrico

sabunde ƴiiye

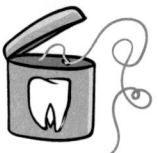

el hilo dental

gaarowol ñiire

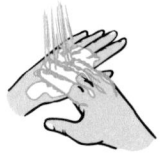

lavar

lawƴude

la ducha de mano

ɓoggol lootirteengol

la ducha higiénica

ɓuftogol

la palangana

loowirteengel

el cepillo para la espalda

demirgel huɗo

el jabón

sabunnde

el gel de ducha

saabunde ɓuftorteende

el shampoo

sampoye

la toallita

limsere wiro

el desagüe

ciiygol

la crema

kerem

el desodorante

uurnirgel

el espejo

daandorgal

el espejito

daandorgal pamoral

la maquinita de afeitar

pembirgel

la espuma de afeitar

ngufu pembol

el aftershave

moomiteengel pembol

el peine

yeesoode

el cepillo

boros

el secador de pelo

joornirgel sukunndu

el spray

peewnirgel sukunndu

el maquillaje

makiyaas

el lápiz de labios

joodirgel toni

el esmalte para uñas

momtirgel cegeneeji

el algodón

garowol wiro

la tijera para uñas

siso cegeneeji

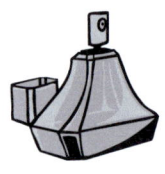

el perfume

parfon

el portacosméticos

waxande lootorgal

la banqueta

kuudi

la balanza

peesirgal

la bata

wutte cuftorteeɗo

los guantes de goma

gaɲuuji dalli

el tampón

momtirer ƴiiƴam ella

la toallita femenina

kuus tiggu

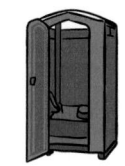

el baño químico

lootogol simik

el cuarto de los chicos

suudu sakaaɓe

el despertador
pindinirgel
el peluche
kullel fijirde
el coche de juguete
oto pijirgel
el sonajero
dillere
la casa de muñecas
galle pijirgel
el regalo
hannde

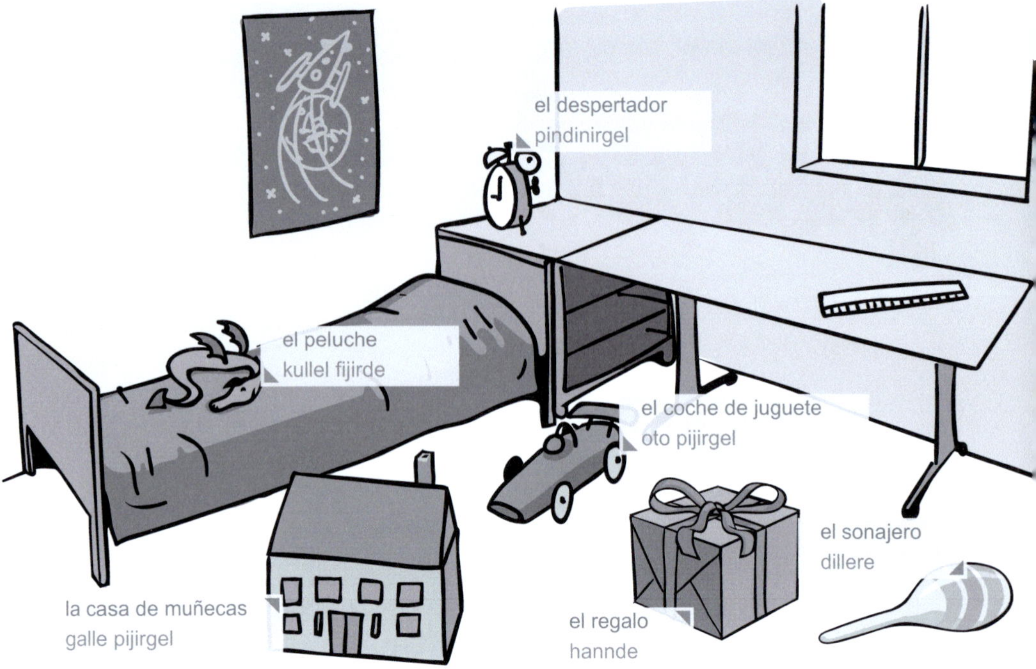

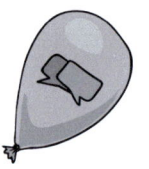

el globo

sumalle dalli

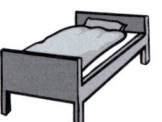

la cama

leeso

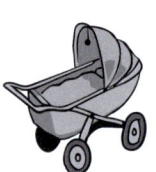

el cochecito

duñirgel tiggu

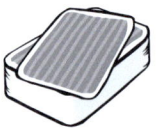

las cartas

nokkere karte

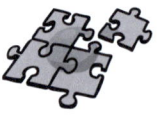

el rompecabezas

fijirde lombondirgol

SUPER
MEGA

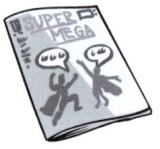

la historieta

njalniika

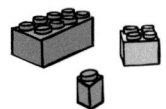

las piezas de lego

pijirgel tuufeeje

los ladrillos de juguete

tuufeeje

la figura de acción

pijirgel

el enterito (de bebé)

comcol tiggu

el frisbee

palaat diwwoow

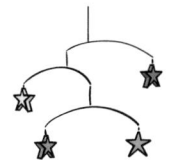

el móvil para bebés

noddirgel

el juego de mesa

pijirgel

los dados

dee

el tren eléctrico

ñemtinirgel laana ndegoowa

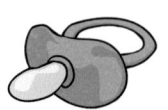

el chupete

neɗɗo fuuunti

la fiesta

fijirde

el libro de cuentos ilustrado

deftere nate

la pelota

bal

la muñeca

puppe

jugar

fijde

el arenero

mbalka ceenal

la hamaca

beeltirgal

los juguetes

pijirgel

la consola de videojuegos

pijiteengel see widewo

el triciclo

welo biifi tati

el osito de peluche

pijirgel kullel urs

el armario

armuwaar

la ropa

comcol

las medias

kawase

las medias panty

kawase

las calzas

tuubayon ɓittukon

la bufanda
musuuro

el cinturón
dadorde

el paraguas
paraseewal

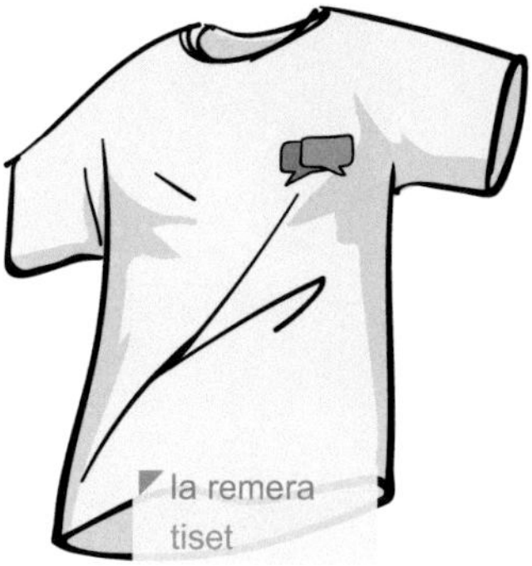

la remera
tiset

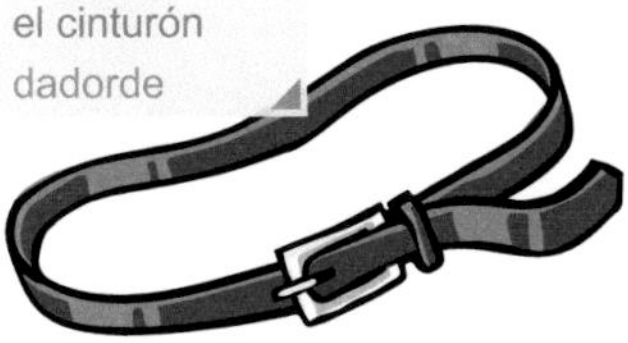

las zapatillas
paɗe bokkateeɗe

las botas
paɗe toowɗe

las pantuflas
paɗe suudu

las sandalias

paɗe diwa

los zapatos

paɗe

las botas de goma

paɗɗe toowɗe lirotooɗe

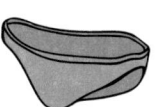

la ropa interior

cakkirɗi

el corpiño

sucengors

el chaleco

silet

el body

banndu

los pantalones

tuuba

los jeans

jiin

la pollera

robbo

la blusa

buluson

la camisa

simis

el pulóver

piliweer

el buzo

weste nebbu

el blazer

layset

la campera

jaget

el tapado

weste juudɗo

el piloto

wutte toɓo

el traje

kostim

el vestido

robbo

el vestido de novia

robbo yange

el traje

weste

el camisón

wutte baalduɗo

el pijama

pijama

el sari

sari

el pañuelo para la cabeza

muusooro

el turbante

kaala

la burka

kaala

el caftán

sabndoor

la abaya

abbaay

el traje de baño

comcol lumbirogol

el short de baño

cakkirɗi

los shorts

kilot

el jogging

joogin

el delantal

limsere deffowo

los guantes

gaŋuuji

el botón

ɓoɗɗirgel

los anteojos

lone

la pulsera

jawo

el collar

cakka

el anillo

feggere

el aro

hootonde

la gorra

laafa

la percha

liggirgal weste

el sombrero

laafa

la corbata

karawat

el cierre

zip

el casco

laafa ndeenka

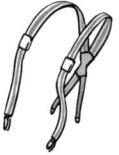

los tiradores

ganŋ

el uniforme escolar

comcol duɗal

el uniforme

iniform

el babero

sarbetel daande

el chupete

neɗɗo fuuunti

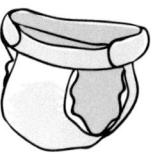

el pañal

kuus

la oficina
gollirgal

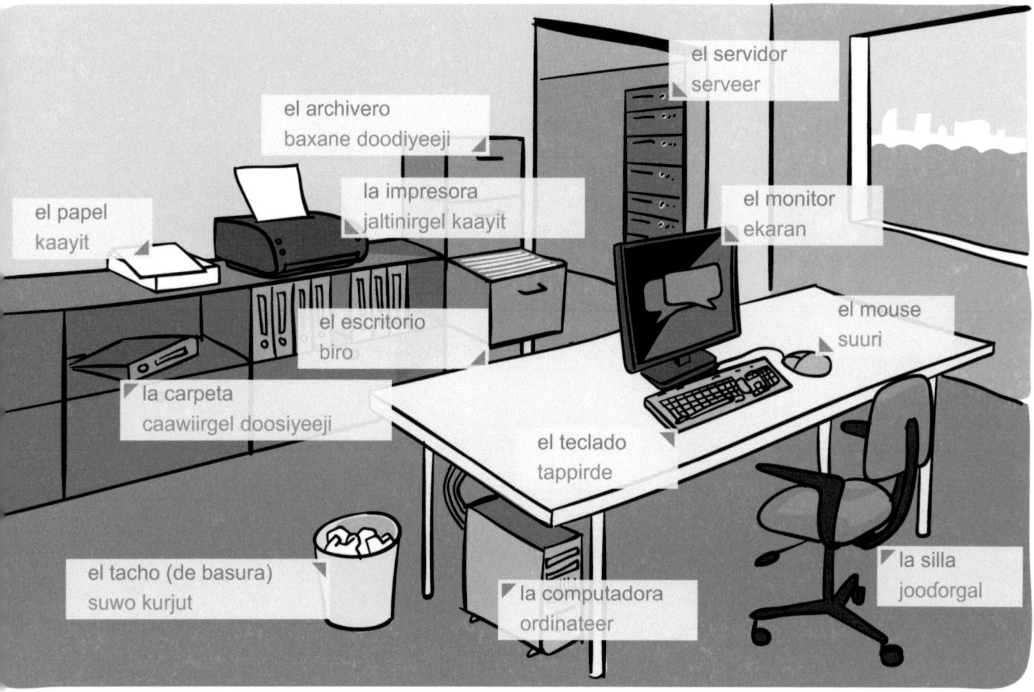

el servidor
serveer

el archivero
baxane doodiyeeji

la impresora
jaltinirgel kaayit

el papel
kaayit

el monitor
ekaran

el escritorio
biro

el mouse
suuri

la carpeta
caawiirgel doosiyeeji

el teclado
tappirde

el tacho (de basura)
suwo kurjut

la silla
jooɗorgal

la computadora
ordinateer

la taza de café

kuppu kafe

la calculadora

qiimorgal

el internet

enternet

la laptop

ordinateer beelnateeɗo

la carta

ɓataake

el mensaje

ɓataake

el celular

noddirgel

la red

reso

la fotocopiadora

cottitirgel

el software

losisiyel

el teléfono

noddirgel

el tomacorriente

ceɲirgel ɓoggol kuura

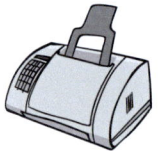

el fax

masinŋ faks

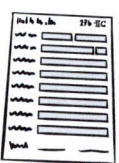

el formulario

mbaadi

el documento

dokiman

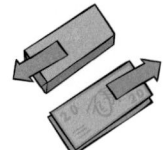

comprar

soodde

pagar

sooɗde

hacer negocios

yeyde

el dinero

kaalis

el dólar

dolaar

el euro

eroo

el yen

yen

el rublo

ruubal

el franco suizo

faran Siwis

el yuan

yuwaan renminbi

la rupia

rupii

el cajero automático

masinŋ keestorɗo kaalis

la casa de cambio

nokku beccugol e neldugol

el oro

kanŋe

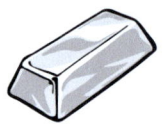

la plata

kaalis

el petróleo

esaans

la energía

sembe

el precio

coggu

el contrato

kontara

el impuesto

taks

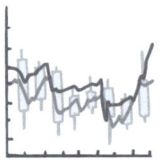

la acción

marsandiss moftaaɗo

trabajar

gollude

el empleado

gollinteeɗo

el empleador

gollinoowo

la fábrica

isin

el negocio

bitik

el policía
dadiiđo

el bombero
ñifooɓe jeyle

el piloto
pilot

el cocinero
defoowo

el médico
cafroowo

el jardinero
toppitiiđo sardin

el carpintero
minise

la modista
ñootoowo

el juez
ñaawoowo

el farmacéutico
simist e đemngal farayse

el actor
aktoor

el colectivero

dognoowo biis

el taxista

dognoowo taksi

el pescador

gawoowo

la mucama

pittoowo

el techista

cengirɗe huɓeere

el mozo

carwoowo

el cazador

daddoowo

el pintor

pentiroowo

el panadero

piyoowo mburu

el electricista

gollowo kuura

el albañil

mahoowo

el ingeniero

enseñeer

el carnicero

jeyoowo teew keso

el plomero

polombiyer

el cartero

nawoowo ɓatakuuji

el soldado

kooninke

el arquitecto

diidoowo ɓahanteeri

el cajero

kestotooɗo

el florista

jeyoowo fuloraaji

el peluquero

mooroowo

el cobrador

dognoowo

el mecánico

mekanisiyenŋ

el capitán

kapiteen

el dentista

cafroowo ɲiiƴe

el científico

miijotooɗo

el rabino

kellifaaɗo diine to israayel

el imán

imaam

el monje

muwaan e e ɗemngal farayse

el sacerdote

kellifaaɗo diine heerereeɓe

las herramientas
kuutorɗe

el martillo
marto
la tenaza
ñoyƴirgel
el destornillador
biisrgel
la llave
kele
la linterna
bawɗi biyeteeɗi ti

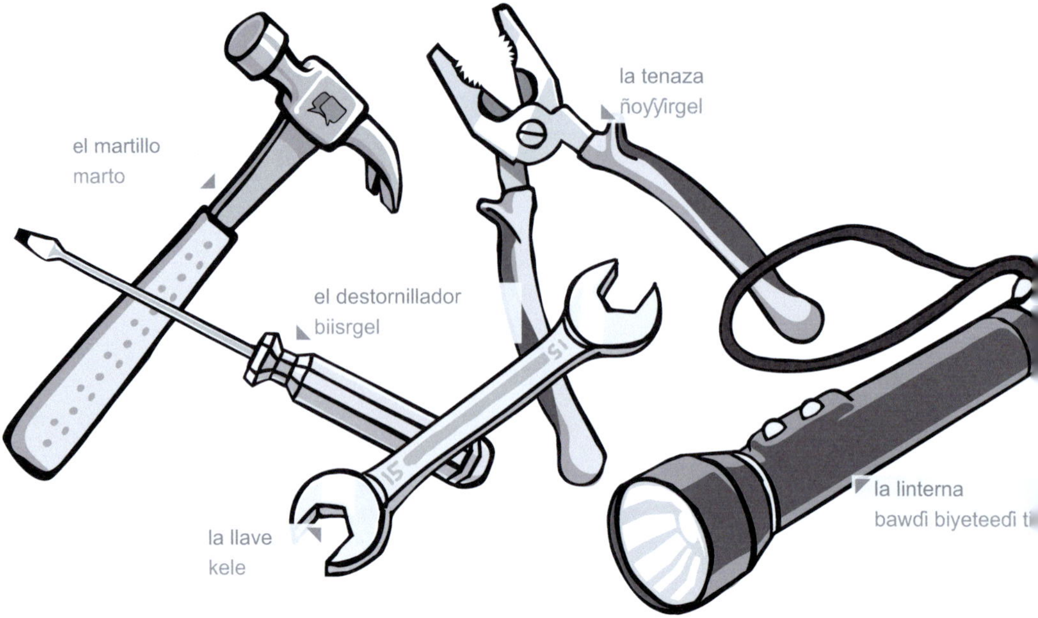

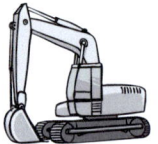

la excavadora

pikku

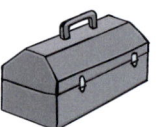

la caja de herramientas

baxanel kaɓorɗe

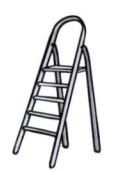

la escalera portátil

ŋabbirgal

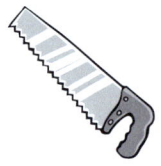

la sierra

tayƴirgal

los clavos

ƴibirɗe

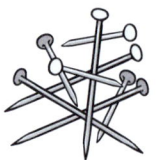

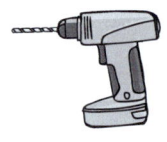

el taladro

julirgal

arreglar

fewnitde

la pala de jardín

nokkirgel

¡Qué bronca!

Soo!

la pala de plástico

boftirgel kurjut

el tacho de pintura

pot penttiir

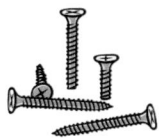

los tornillos

wiisuuji

los instrumentos musicales
kongirgon misik

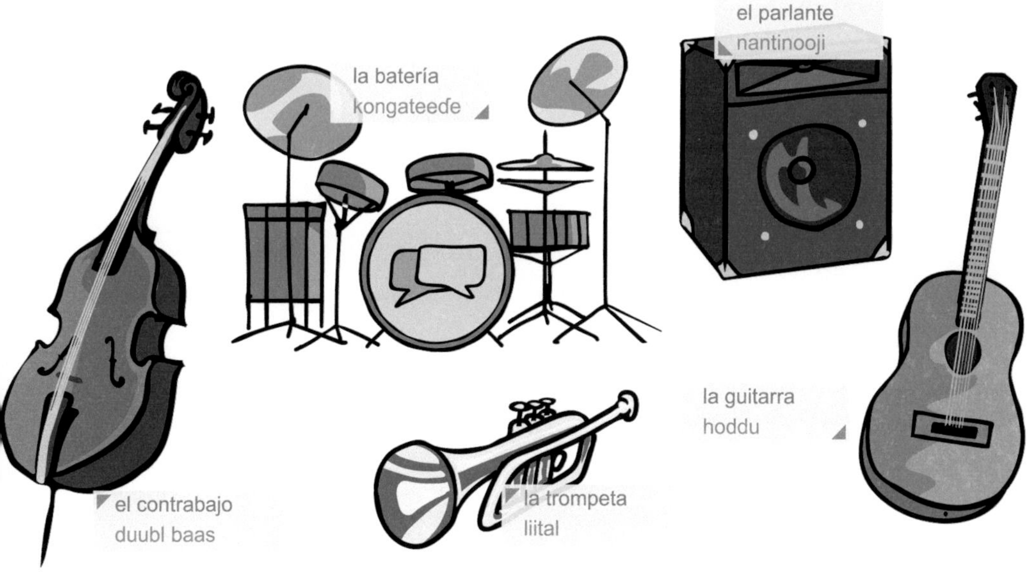

el parlante
nantinooji

la batería
kongateeɗe

la guitarra
hoddu

el contrabajo
duubl baas

la trompeta
liital

el piano

piayaano

los timbales

bowɗi biyeteeɗi timpani

el saxofón

saksofoon

el violín

wiyolon

el tambor

bawɗi

la flauta

nguurdu

el bajo

baas

el teclado

tappirgal

el micrófono

mikoro

el zoológico
nokku kullon

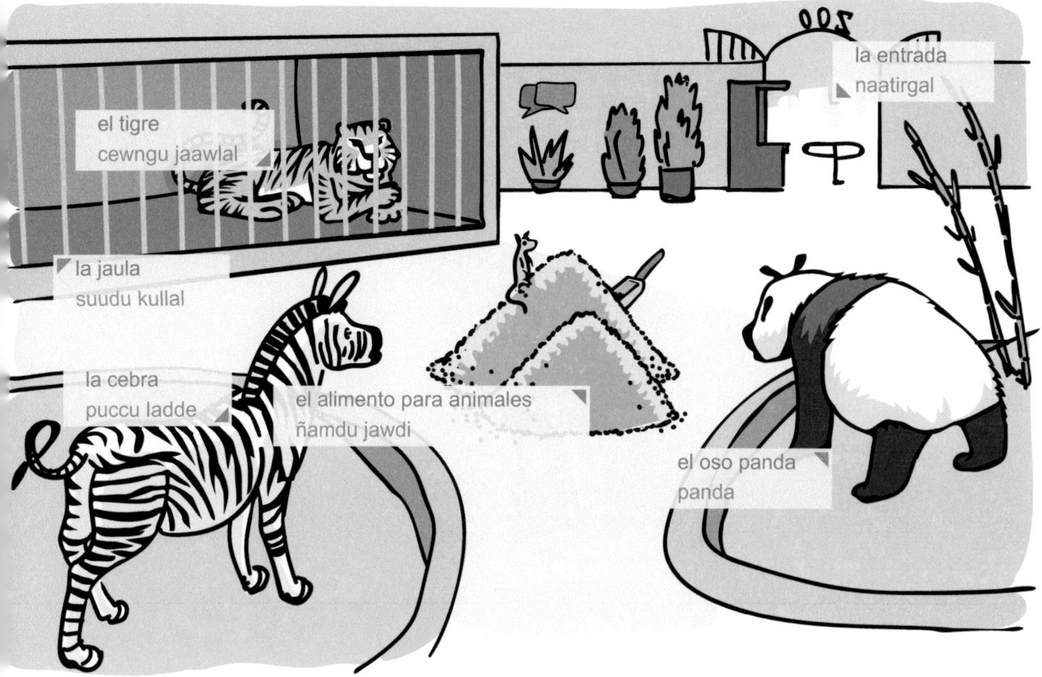

la entrada
naatirgal
el tigre
cewngu jaawlal
la jaula
suudu kullal
la cebra
puccu ladde
el alimento para animales
ñamdu jawdi
el oso panda
panda

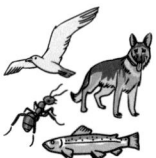

los animales

kulle

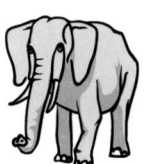

el elefante

ñiiwa

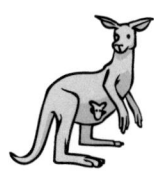

el canguro

kanguru

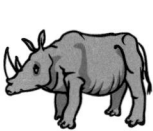

el rinoceronte

rinoseros

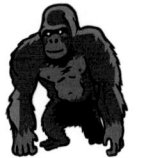

el gorila

waandu mowndu

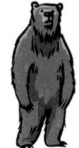

el oso

urs

el camello

ngelooba

el avestruz

sundu burndu mownude

el león

mbaroodi

el mono

waandu

el flamenco

ñaaral pural

el loro

seku

el oso polar

urso galaas

el pingüino

liingu wiyeteendu penguwe

el tiburón

lingu reke

el pavo real

ndiwri wiyeteendu pawon

la serpiente

laadoori

el cocodrilo

nooro

el cuidador del zoológico

deenoowo zoo

la foca

togoori ndiyam wiyeteendu
fok e farayse

el jaguar

cewngu

el poni

molu

el leopardo

cewngu

el hipopótamo

ngabu

la jirafa

njabala

el águila

ciilal

el jabalí

mbabba tugal

el pescado

liingu

la tortuga

heende

la morsa

kullal biyeteengal morse

el zorro

renaar

la gacela

lella

el fútbol americano
Fuggukoyngel Amerknaaɓe

el ciclismo
dognugol welo

el tenis
tenis

el básquet
beysbol

la natación
lumbagol

el boxeo
boks

el hockey sobre hielo
fuggukoyngel e galaas

el fútbol
Fuggukoyngel

el bádminton
badminton

el atletismo
atelettuuji

el handball
hanbol

el esquí
fijirɗe deggol e nees

el polo
polo

las actividades
golle

saltar
diwde
abrazar
ɓuucaade
reír
jalde
caminar
yaade
cantar
yimde
soñar
hoyɗitaade
rezar
juulde
besar
ɓuucaade

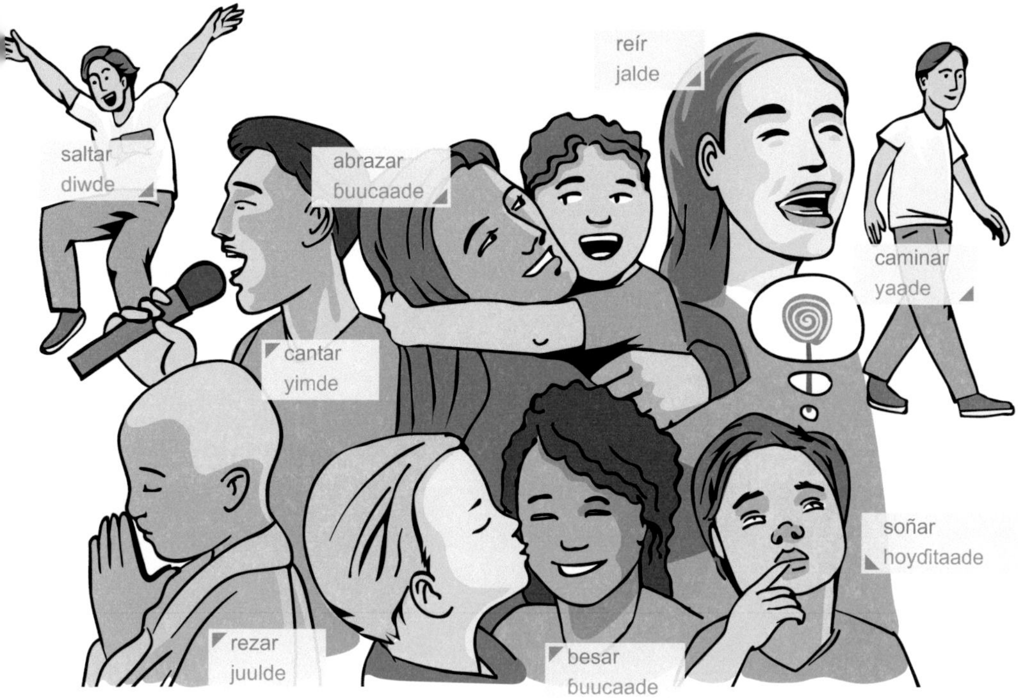

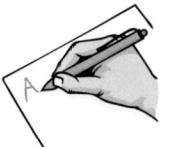

escribir
windude

dibujar
siifde

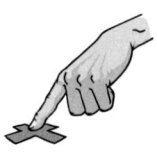

mostrar
hollude

presionar
duñde

dar
rokkude

tomar
ƴettude

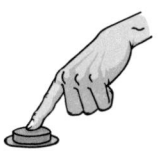

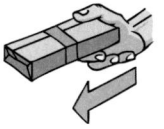

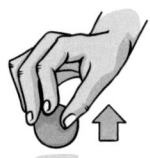

tener

deñde

hacer

waďde

ser

wonde

estar parado

ummaade

correr

dogde

tirar

fooďde

tirar

weddaade

caer

yande

estar acostado

fende

esperar

sabbaade

llevar

roondaade

estar sentado

jooďaade

vestirse

ɓoornaade

dormir

ďaanaade

despertar

finde

mirar

ẏeewde

llorar

woyde

acariciar

helde

peinar

yeesaade

hablar

haalde

entender

faamde

preguntar

naamnaade

escuchar

heɗaade

beber

yarde

comer

ñaamde

ordenar

hawrinde

amar

yiɗde

cocinar

defde

manejar

dognude

volar

diwde

las actividades - golle

65

navegar

awyŭde

calcular

qimaade

leer

jangude

aprender

jangude

trabajar

gollude

casarse

resde

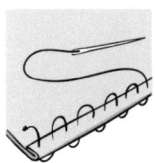

coser

ñootde

cepillarse los dientes

soccaade ỹiiỹe

matar

warde

fumar

simmaade

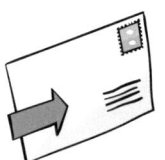

enviar

neldude

la familia
ɓesngu

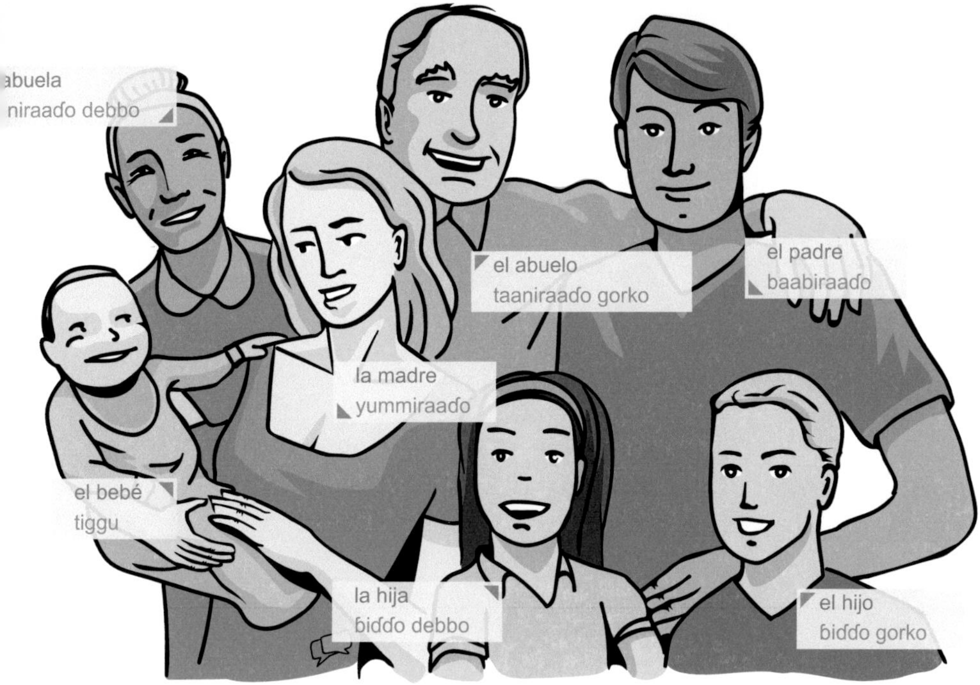
buela
niraaɗo debbo
el abuelo
taaniraaɗo gorko
el padre
baabiraaɗo
la madre
yummiraaɗo
el bebé
tiggu
la hija
ɓiɗɗo debbo
el hijo
ɓiɗɗo gorko

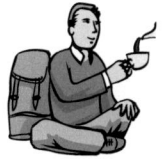

el invitado
koɗo

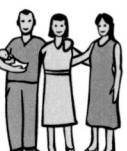

la tía
goggiraaɗo

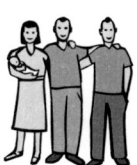

el tío
kaawiraaɗo

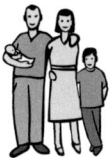

el hermano
mowniraaɗo gorko

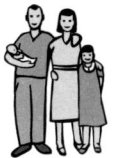

la hermana
mowniraaɗo debbo

el cuerpo
ɓandu

la frente
tiinde
el ojo
yiitere
el hombro
walabo
el dedo
feɗendu
la cara
yeeso
la pera
waare
la mano
jungo
la pierna
koyngal
el pecho
endu
el brazo
jungo

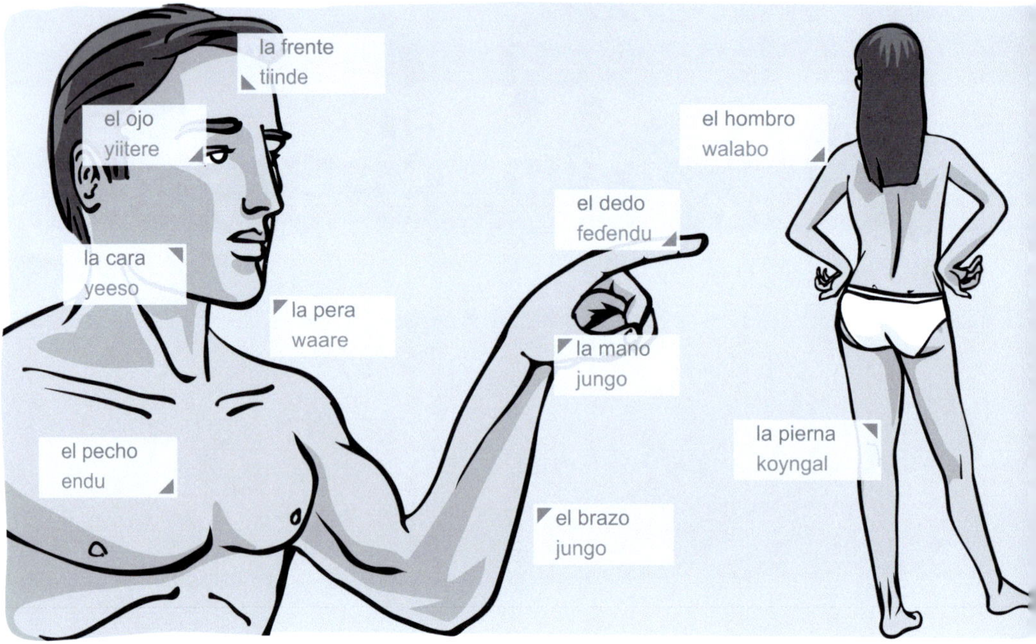

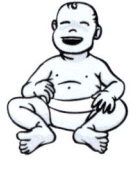

el bebé

tiggu

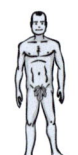

el hombre

gorko

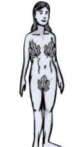

la mujer

debbo

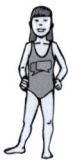

la nena

deftere kongoli

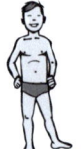

el nene

suka gorko

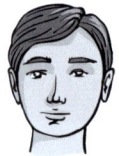

la cabeza

hoore

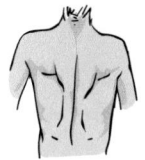

la espalda

keeci

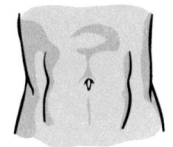

la panza

reedu

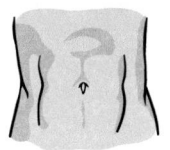

el ombligo

wuddu

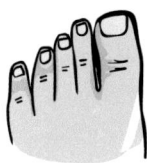

el dedo del pie

feɗendu koyngal

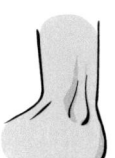

el talón

jabborgal

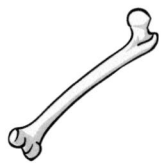

el hueso

ƴiyal

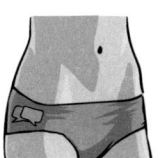

la cadera

rotere

la rodilla

hofru

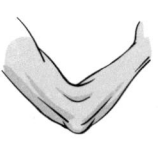

el codo

salndu junngu

la nariz

hinere

la cola

dote

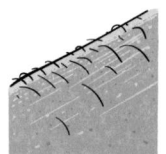

la piel

nguru

el cachete

abbulo

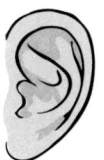

la oreja

nofru

el labio

tonndu

la boca

hunuko

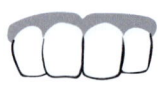

el diente

ñiire

la lengua

ɗemngal

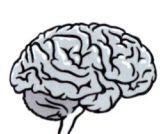

el cerebro

ngaandi

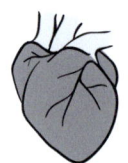

el corazón

ɓernde

el músculo

ɣiyal

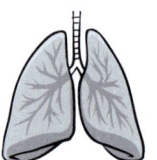

el pulmón

wecco

el hígado

heeñere

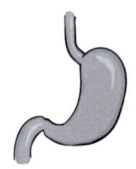

el estómago

estoma

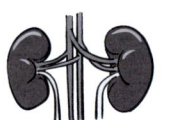

los riñones

tekteki mawni

el sexo

terɗe

el preservativo

laafa ndeenka

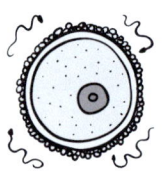

el óvulo

boccoonde maniya

el semen

maniya

el embarazo

reedu

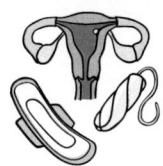

la menstruación

ƴiiƴam ella

la vagina

farja

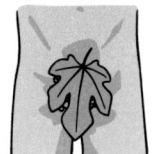

el pene

kaake

la ceja

leeɓi dow yiitere

el pelo

sukunndu

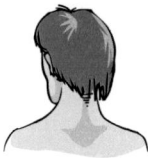

el cuello

daande

el hospital
suudu safirdu

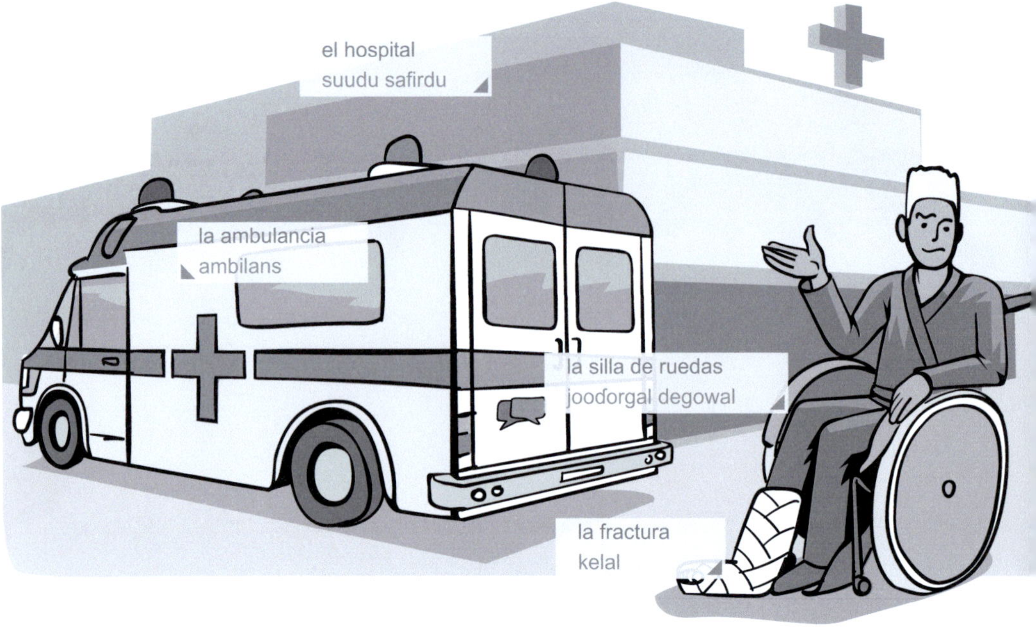

el hospital
suudu safirdu
la ambulancia
ambilans
la silla de ruedas
jooɗorgal degowal
la fractura
kelal

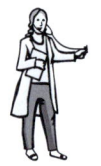

el médico

cafroowo

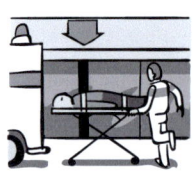

la sala de guardia

suudo irsaans

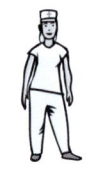

la enfermera

cafroowo

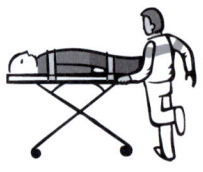

la emergencia

irsaans

inconsciente

paɗɗiiɗo

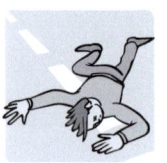

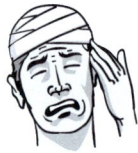

el dolor

muuseeki

la lesión
gaañande

la hemorragia
tuyẙude

el infarto
ɓernde dartiinde

el ACV
darogol ɓernde

la alergia
alersi

la tos
ɗojjugol

la fiebre
nguleeki ɓandu

la gripe
maɓɓo

la diarrea
reedu dogooru

el dolor de cabeza
muuseeki hoore

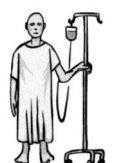

el cáncer
kanser

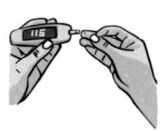

la diabetes
jabet

el cirujano
operasiyon

el bisturí
ceekirgel

la operación
operasiyon

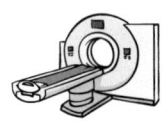

la TC

CT

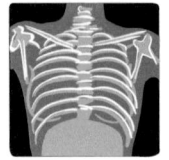

los rayos x

reyon-x

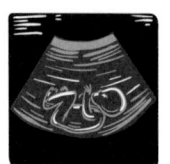

la ecografía

iltarason

el barbijo

mask yeeso

la enfermedad

ñaw

la sala de espera

suudu sabbordu

la muleta

sawru tuggorgal

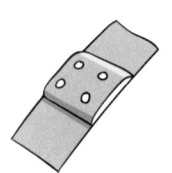

la curita

palatar

la venda

bandaas

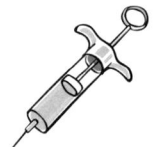

la inyección

pikkitagol

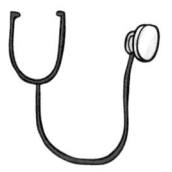

el estetoscopio

keɗirgel dille ɓandu

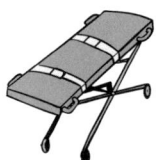

la camilla

balankaaru

el termómetro

betirgel nguleeki ɓanndu

el nacimiento

jibinegol

el sobrepeso

ɓandu ɓurtundu

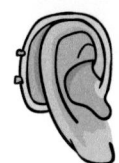

el audífono

ɓallotirgel nonooje

el desinfectante

desefektan

la infección

infeksiyon

el virus

viris

el VIH / SIDA

HIV / SIDA

el remedio

safaara

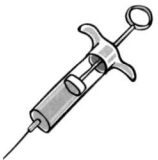

la vacunación

ñakko

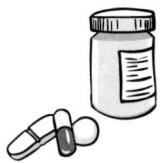

los comprimidos

tabletuuji

la pastilla anticonceptiva

foɗɗere

la llamada de emergencia

noddaango heñoraango

el tensiómetro

ɓetirgel dogdu ƴiiƴam

enfermo / sano

sellaani / salli

¡Ayuda!

Paaboɗe!

la alarma

tintinirgel

la agresión

jangol

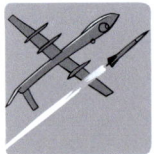

el ataque

yande e

el peligro

musiiba

la salida de emergencia

damal dandirgal

¡Fuego!

Paaboɗe!

el matafuego

ñifirgel jeynge

el accidente

aksida

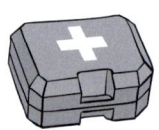

el botiquín de primeros
auxilios

geɗe cafrorɗe gadane

el SOS

BALLAL

la policía

Polis

Europa

Erop

América del Norte

Amerik to Rewo

América del Sur

Amerik to Worgo

África

Afiriki

Asia

Asi

Australia

Ostarali

el Atlántico

Atalantik

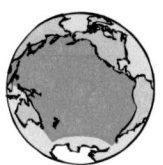

el Pacífico

Pasifik

el Océano Índico

Oseyan Enje

el Océano Antártico

Oseyan Antarktik

el Océano Ártico

Osean Arkatik

el polo norte

Bange Rewo

el polo sur

Bange Worgo

la Antártida

Antarktik

la Tierra

Leydi

la tierra

leydi

el mar

maayo mawngo

la isla

wuro nder ndiyam

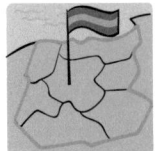

la nación

leydi

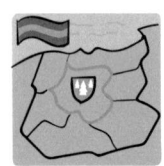

el estado

jamaanu

la esfera

yeeso montoor

la manecilla de las horas

misalel waqtu

el minutero

misalel hojomaaji

el segundero

misalel majanđe

¿Qué hora es?

Hol waqtu jonđo?

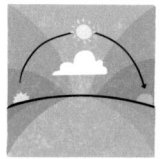

el día

ñalawma

la hora

saha

ahora

jooni

el reloj digital

montoor disitaal

el minuto

hojom

la hora

waqtu

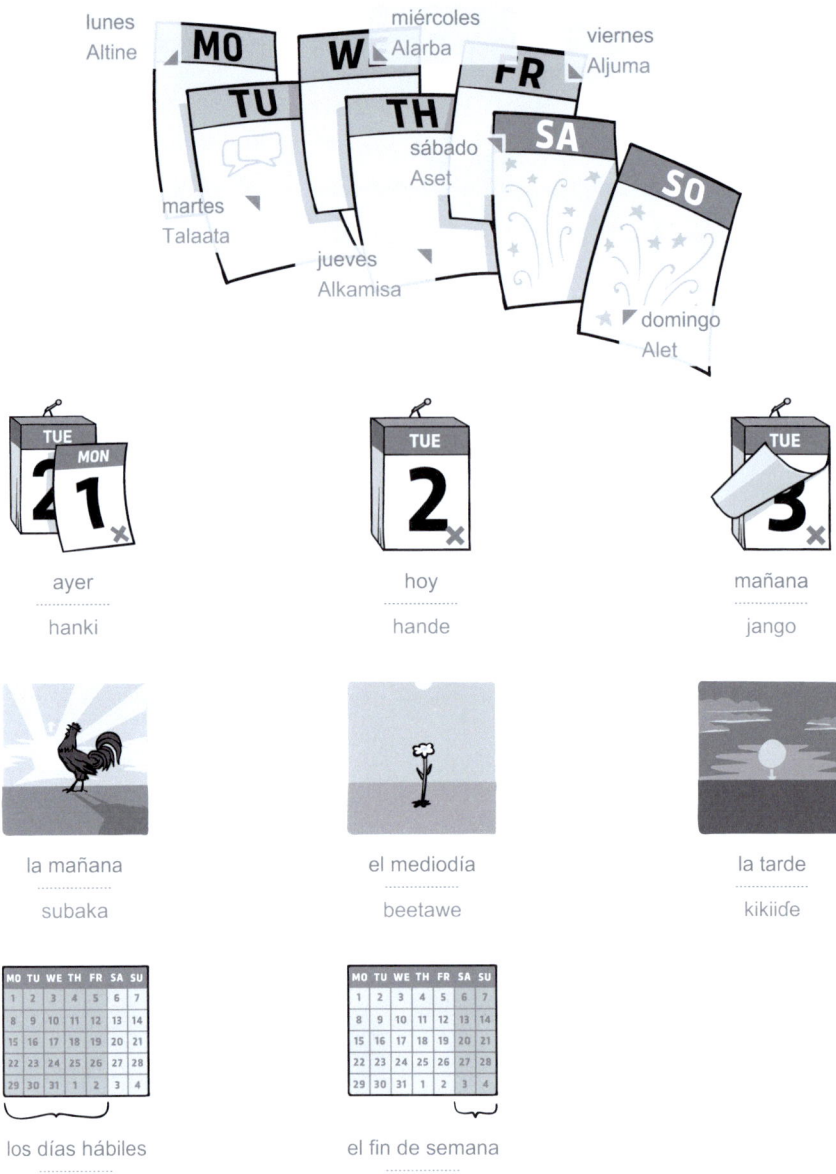

lunes
Altine

miércoles
Alarba

viernes
Aljuma

sábado
Aset

martes
Talaata

jueves
Alkamisa

domingo
Alet

ayer
hanki

hoy
hande

mañana
jango

la mañana
subaka

el mediodía
beetawe

la tarde
kikiiđe

los días hábiles
ñalawmaaji golle

el fin de semana
ñalamaaji fooftere

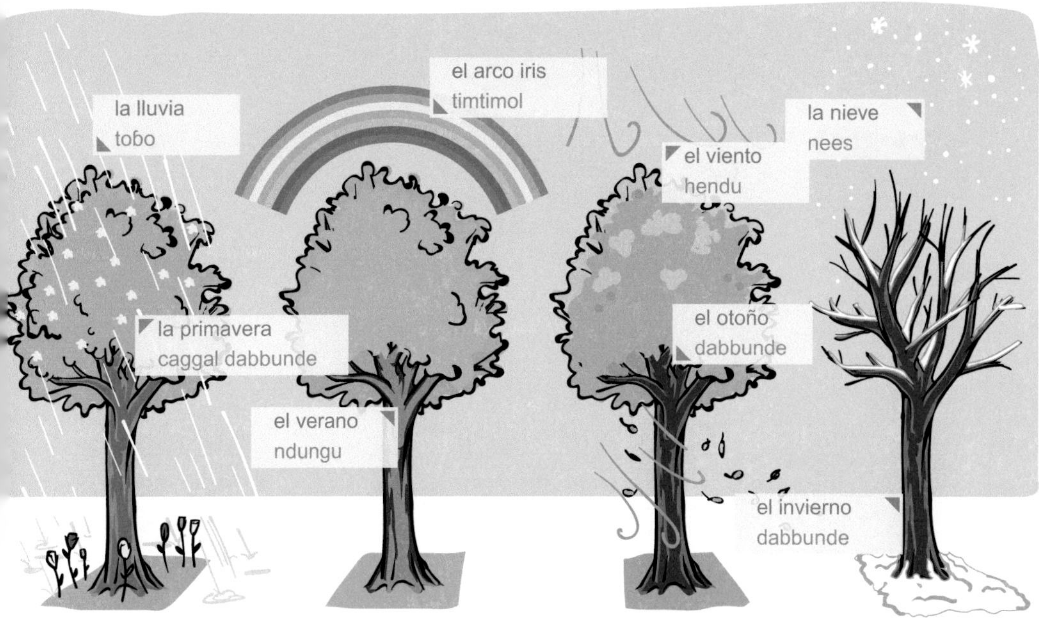

la lluvia
toɓo

el arco iris
timtimol

la nieve
nees

el viento
hendu

la primavera
caggal dabbunde

el otoño
dabbunde

el verano
ndungu

el invierno
dabbunde

el pronóstico meteorológico

kabrugol geɗe weeyo

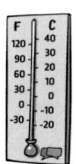

el termómetro

betirgal nguleeki

la luz del sol

nguleeki naange

la nube

duulal

la niebla

niɓɓere niwri

la humedad

ɓuuɓol

el rayo

majaango

el trueno

gidango

la tormenta

hendu yaduungo e gidaali

el granizo

toɓo mawngo

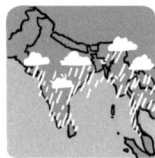

el monzón

keneeli mawɗi

la inundación

toɓo yooloongo

el hielo

galaas

enero

Janwiye

febrero

Feeviriye

marzo

Mars

abril

Awril

mayo

Me

junio

Suwe

julio

Suliye

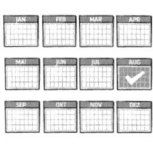

agosto

Ut

septiembre

Setanbar

octubre

Oktobar

noviembre

Noowambar

diciembre

Desambar

las formas
Mbaadi

el círculo

taariɗum

el cuadrado

bangeeji potɗi

el rectángulo

rektangal

el triángulo

tiriyangal

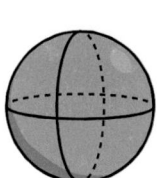

la esfera

esfeer

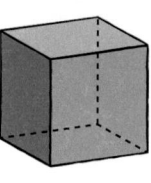

el cubo

kib

colores
kuloraaji

blanco

deneejo

amarillo

puro

naranja

oraas

rosa

roos

rojo

bođeejo

violeta

yolet

azul

bulaajo

verde

werte

marrón

baka

gris

giri

negro

baleejo

mucho / poco

heewi / famɗi

enojado / tranquilo

mittinɗo / deeyɗo

lindo / feo

yooɗi / soofi

el principio / el fin

fuɗɗorde / gasirde

grande / chico

mawni / famɗi

claro / oscuro

leeri / ɗiɓɓiɗi

el hermano / la hermana

mawniraaɗo gorko / debbo

limpio / sucio

laaɓi / tulmi

completo / incompleto

timmi / manki

el día / la noche

ñalawma / jamma

muerto / vivo

mayi / wuuri

ancho / angosto

yaaji / ɓitti

comestible / no comestible

ñaame / ñaametaake

malo / amable

bonɗum / moyƴi

entusiasmado / aburrido

weelti / deeyi

gordo / flaco

ɓutto / cewɗo

primero / último

gadiiɗo / cakkitiiɗo

el amigo / el enemigo

sehil / gaño

lleno / vacío

heewi / ɓoldi

duro / blando

tiidi / hoyi

pesado / liviano

teddi / hoyi

el hambre / la sed

heege / ɗomka

enfermo / sano

sellaani / salli

ilegal / legal

dagaaki / dagi

inteligente / estúpido

ƴoƴi / ƴiƴaani

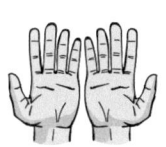

izquierda / derecha

ñaamo / nano

cerca / lejos

ɓadi / woɗɗi

los opuestos - ceertuɗe

nuevo / usado

keso / kiiɗɗo

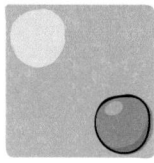

nada / algo

haydara / huunde

viejo / joven

nayeeji / suka

encendido / apagado

ne heen / ala heen

abierto / cerrado

udditi / uddi

silencioso / ruidoso

deeyi / dilla

rico / pobre

galo / baasɗo

correcto / incorrecto

feewi / feewaani

áspero / suave

tekki / ɗaati

triste / contento

suni / weelti

corto / largo

daɓɓo / jutɗo

lento / rápido

leeli / yaawi

mojado / seco

leppi / yoori

caliente / frío

wuli / ɓuuɓi

guerra / paz

hare / jam

0

cero

meere

1

uno

goo

2

dos

ɗiɗi

3

tres

tati

4

cuatro

nay

5

cinco

joy

6

seis

jeegom

7

siete

seeɗiɗi

8

ocho

jeetati

9

nueve

jeenay

10

diez

sappo

11

once

sappo e goo

12

doce

sappo e ɗiɗi

13

trece

sppo e tati

14

catorce

sappo e nay

15

quince

sappo e joy

16

dieciséis

sappo e jeegom

17

diecisiete

sappo e jeeɗiɗi

18

dieciocho

sappo e jeetati

19

diecinueve

sappo e jeenay

20

veinte

noogas

100

cien

teemedere

1.000

mil

ujunere

1.000.000

el millón

miliyonŋ

el inglés

Angale

el inglés americano

Angale Amerik

el chino mandarín

Mandare Siin

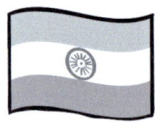

el hindi

Indo

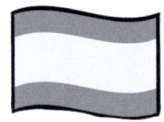

el español

Español

el francés

Farayse

el árabe

Arab

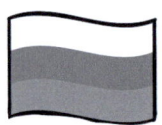

el ruso

Riis

el portugués

Portige

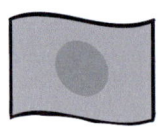

el bengalí

Bengali

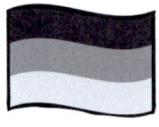

el alemán

Alma

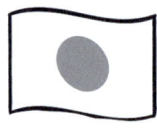

el japonés

Sappone

yo

miin

vos

ann

él / ella

kaŋŋko / kaŋŋko / kañum

nosotros

minen

ustedes

onon

ellos

kamɓe

¿quién?

holi oon?

¿qué?

hol đum?

¿cómo?

hol no?

¿dónde?

hol toon?

¿cuándo?

mande?

el nombre

innde

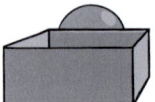

detrás

caggal

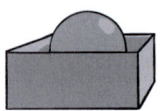

en

nder

adelante de

yeeso

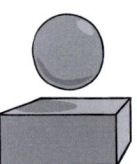

por encima de

hedde

sobre

dow

debajo de

les

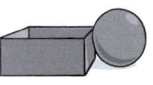

al lado de

sara

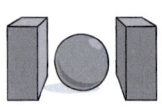

entre

hakkunde

el lugar

nokku